Todos los libros de Linkgua Ediciones cuentan con modelos de Inteligencia Artificial entrenados por hispanistas. Pregúntale al chat de tu libro lo que desees acerca de la obra o su autor/a.

Para ebooks: Accede a nuestro modelo de IA a través de este enlace.

Para libros impresos: Escanea el código QR de la portada con tu dispositivo móvil.

Obtén análisis detallados de nuestros libros, resúmenes, respuestas a tus preguntas y accede a nuestras ediciones críticas generativas para una experiencia de lectura más enriquecedora.
La transparencia y el respeto hacia la autoría de las fuentes utilizadas son distintivos básicos de nuestro proyecto. Por ello, las respuestas ofrecen, mediante un sistema de citas, las fuentes con las que han sido elaboradas.

Luisa Pérez de Zambrana

Poemas

Barcelona 2024
Linkgua-ediciones.com

Créditos

Título original: Poemas.

© 2024, Red ediciones S.L.

e-mail: info@linkgua.com

Diseño de cubierta: Michel Mallard.

ISBN rústica ilustrada: 978-84-9816-676-7.
ISBN tapa dura: 978-84-1076-049-3.
ISBN ebook: 978-84-9897-992-3.

Sumario

Brevísima presentación

La vida

Luisa Pérez de Zambrana (1835-1922). Cuba. Publicó su primer poema en 1852. Ese mismo año se fue a vivir a Santiago de Cuba y su casa se convirtió en un lugar de tertulias artísticas. Tras su boda con Ramón Zambrana, residió en La Habana donde colaboró con diversas publicaciones: *Kaleidoscopio, La Habana, Cuba Poética, Album cubano de lo bueno y de lo bello, La Verdad Católica, Cuba Literaria,* y *El Diario de la Marina,* entre otros. A la muerte de su esposo, en 1866, quedó en una penosa situación económica con sus cinco hijos, que murieron muy jóvenes. Luisa Pérez de Zambraba ha sido considerada como la más relevante poeta elegíaca de Cuba.

La poesía de Luisa Pérez de Zambrana pertenece a la tradición romántica de la literatura cubana. Sus poemas se distinguen por la claridad del lenguaje dentro de la segunda época del romanticismo en la isla.

Mi casita blanca

En medio de esta paz tan lisonjera
que nunca turba doloroso invierno
no sé por qué de mi alma se apodera
siempre un recuerdo pesaroso y tierno.

Un recuerdo tan grato como triste,
que convida a llorar, pero no abruma,
un celeste recuerdo que se viste
de aromas, de celajes y de espuma.

Que trae de un bosque la amorosa sombra,
que trae de un río el cariñoso ruido,
cuyo rumor dulcísimo me nombra
algún pasado que me fue querido.

No sé si es sueño; pero entonces creo
conocer el murmullo de la ola,
y entre las ramas levantarse veo
mi casita de guano, blanca y sola.

¡Oh mi verde retiro! quién pudiera
ver otra vez tus deliciosos llanos,
y quién bajo tus álamos volviera
como antes a jugar con mis hermanos.

Y ver mi lago de color de cielo
donde yo con mis pájaros bebía,
mi loma tan querida, mi arroyuelo,
mi palma verde a cuyo pie dormía.

Mis árboles mirándose en el río,
mis flores contemplando las estrellas,
mis silenciosas gotas de rocío
y mis rayos de Sol temblando en ellas.

¡Oh mi casita blanca! recordando
el tiempo que pasara sin congojas,
viendo correr el agua y escuchando
el himno cadencioso de las hojas,

he llorado mil veces; que allí amaba
una rama de tilo, un soto umbrío,
un lirio, un pajarillo que pasaba,
una nube, una gota de rocío.

¡Oh mi risueño hogar! ¡oh nido amado!
¡lleno de suavidad y de inocencia!
que en tu musgo sedoso y azulado
se deshoje la flor de mi existencia.

Y cuando llegue entristecida y grave
la muerte con las manos sobre el pecho,
mire vagar como un celaje suave
el ángel de la paz sobre mi lecho.

Y al cerrar mis pupilas dulcemente
que vaya la virtud sencilla y pura
a apoyar melancólica la frente
en la cruz de mi triste sepultura.

Dulzuras de la melancolía

¡Pensativa deidad! ¡cómo diviso
tras ese velo de dolor amable
que tu semblante angelical esconde,
la adorable expresión de tu dulzura,
el suave brillo de tus ojos tristes,
tu mirada dulcísima y sombría
y en tu sonrisa compasiva y pura
la celeste bondad! ¡Melancolía!

¡Virgen que bajas de la Luna triste,
y que llevas, con lágrimas del cielo
humedecidas las pupilas bellas!
en todas partes pálida te miro,
en el aire, en el éter, en el suelo,
entre las sombras de la noche grave,
en la luz de la Luna, en las estrellas,
del viento gemebundo en el suspiro,
en el cantar armónico del ave,
y más que en todo, en la callada hora
en que el Sol va ocultando sus fulgores
cuando plegan los céfiros sus alas
y bajan a dormir sobre las flores.

¡Es tan hermoso ver bañado el pecho
de blanda y celestial melancolía,
eclipsarse del Sol el rayo de oro
con el postrer crepúsculo del día!
¡Es tan dulce mirar cómo derrama
allá en la cumbre de elevada sierra,

el genio grave de la noche augusta
su cabellera azul sobre la tierra!

¡Es tan grato mirar en el silencio
y en la tranquila soledad del campo
cómo destila en luminosas hebras,
rasgando los blanquísimos celajes,
su luz de perla la callada Luna
entre el húmedo azul de los ramajes!

Tú respiras allí, Melancolía,
allí en silencio meditando vagas
y derramando por doquier que flotas,
dulce, embelesadora poesía,
en vago encanto el corazón embriagas.

En esa hora de quietud inerme
en el trémulo rayo de la Luna
bajas del cielo blanca y fugitiva,
y en el aire que duerme,
velada por la sombra que en tu rostro
las alas de los ángeles esparcen,
te meces vaporosa y pensativa.

Y yo sigo tu vuelo entristecido,
porque tú sabes suavizar las penas
y del doliente corazón herido
los sufrimientos y el dolor serenas.

¡Oh Virgen ideal! ¡Melancolía!
en tu santa y poética tristeza
pueda siempre decir en lo futuro

mientras doblo en tu seno mi cabeza
y descienden las gotas de mi llanto:
«de la amable ilusión perdí el encanto,
pero hallé de la paz el bien seguro.»

Horas poéticas

La tarde asoma la diadema triste,
mueve la brisa con amor sus alas,
y montes y colinas a lo lejos
se ven en apacible ondulación.
Sobre las yerbas en silencio llueve
sus cristalinas perlas el rocío
y a recoger tan delicioso llanto
su cáliz abre con placer la flor.

Los crepúsculos vagos que la ciñen,
la estrella virginal que la corona,
y los celajes que en su frente velan
la aureola magnífica del Sol;
del lago inmóvil los espejos tristes
que reproducen la sublime escena
¡cómo en profundo y religioso encanto
llevan el alma a meditar en Dios!

De esbeltas palmas ondulantes líneas,
de árboles verdes majestuosas calles
y altas colinas que parecen sombras,
o islas de misterio y soledad,
se retratan allá en el horizonte
o en el seno profundo de los mares,
cuyos vastos extremos se confunden
figurando una misma inmensidad.

Del mar se pierde la asombrada vista
en la brillante majestad serena,

cuyas inquietas y lucientes aguas
tocar parecen la región del Sol.
Y en la infinita magnitud del éter
y en la bella extensión del océano
confundida la atónita mirada
flota en mares de luz y tornasol.

Con el manto de estrellas, y la Luna
como un topacio en la divina frente,
aparece la noche derramando
melancólicas lágrimas de amor.
La reina de la pálida corona
al trono sube pensativa y casta,
y al mundo baña en celestial tristeza
su amable y sosegado resplandor.

Al verla enamorado y halagüeño
como un manto de trémulos diamantes
desplega el mar sus deslumbrantes olas
para ofrecer espejos a su faz.
Y ella sonriendo, la amorosa seda
deja de sus poéticos celajes
para mecerse en las azules ondas
de luciente y purísimo cristal.

¡Oh, cuánta deliciosa analogía
existe en estas horas ideales,
en esta lobreguez, este silencio,
en este mar de encantadora paz,
con las profundas emociones dulces
que rebosa mi seno conmovido,
con la ternura espiritual de mi alma,

con el llanto que corre por mi faz!

Pues el brillo dudoso de la tarde
o al pálido lucir de las estrellas,
¡cómo en celeste arrobamiento el alma
medita grave y recogida en Dios!
Y cómo anhela sumergirse entonces
en el azul y transparente cielo
para postrar la deslumbrada frente
y mirar de rodillas su esplendor.

Al Sol

Detén del mundo sideral el paso,
¡rey de la inmensidad!, que mi alma ardiente
bañarse anhela en tu radioso oriente,
y como águila audaz, sobre tu cumbre
contemplar de placer estremecida
tu vasto mar de centelleante lumbre.
¡Oh cuán dichosa, desde allá, tendiera
mi serena mirada sobre el mundo,
y, sensible, a la vez compadeciera
de sus desventurados habitantes
la triste condición!... Mas no, tampoco
fuera entonces feliz, que diome el cielo
un corazón que enternecido sufre
si mira padecer sus semejantes.
¡Oh hermoso bienhechor de lo creado,
cómo a tu claridad rica y ardiente
se colora mi faz, late mi seno,
se reanima mi espíritu, retoza
la sangre entre mis venas, y respira
dulce frescura y juventud mi frente!

Que tú das vida y hermosura a todo;
tú floreces los valles, tú regalas
frondosa cabellera a los palmares,
lujosos ramos a la ceiba, al bosque
deliciosa verdura,
al suelo alfombra de floridas galas,
perfume al aura y transparencia pura;
tú revives, en fin, y tú das jugo

a todo lo creado...

¡Oh Sol excelso!
al recibirte la creación gozosa
palpita de placer; naturaleza
coronada de trémulo rocío,
en júbilo rebosa
y se estremece el río,
y florece la cumbre,
y es todo el aire, suavidad y aroma,
cuando los baña en manantial de lumbre,
tu manto de oro que en oriente asoma.
Mas ya la frente pálida reclinas
desfallecida en el azul del cielo;
¡con qué gracia declinas,
cuando al ocaso entristecido vuelas!
¡cómo temblando en delicioso brillo,
con perlas luminosas de tu lloro,
el mar plateado velas
en una gasa vaporosa de oro!
Lucen las aguas, en vaivén luciente,
tornasolados y cambiantes prismas,
bañan el cielo transparentes olas
de nácar y carmín, que dulcemente
borra una luz celeste y plateada,
brillantes aureolas
ciñen tu regia sien...

Mas ya te abismas
en la tumba infinita y azulada:
¡detente, Sol...! ¡Oh Dios! palideciendo
va su disco esplendente,

su riquísimo brillo desmayando,
sus rayos abismándose en las ondas
del profundo océano, lentamente
y más bello que nunca en la agonía
va, con pálido hechizo, sepultando
en los mares lejanos de occidente
su corona de luz...

¡Noche sombría,
que en gran silencio vas por el espacio
con la túnica azul tendida al viento!
¡Qué triste te contempla el pensamiento,
cuando entre sombras vagas,
callada, melancólica, despacio,
¡ay!, como de la envidia el sentimiento
con tus pardos crepúsculos apagas
la inmensa pira de oro y de topacio!

La estrella de la tarde

Dulce, vaga, temblorosa
y en el misterio velada,
es una pupila hermosa
que al mundo mira piadosa
de lágrimas arrasada.

Y el brillo puro y templado
que exhala, en vaga inquietud,
es triste como el pasado,
como el recuerdo sagrado,
casto como la virtud.

Y no su disco retrata
en los espejos del río,
ni sus cendales desata
con ondulación de plata
de luz bañando el vacío.

Sino en chispas tembladoras
lanza tímidas y vivas
partículas brilladoras,
gotas de oro osciladoras
por el aire fugitivas.

Y si un momento rutila
brillante allá en el espacio,
y en blancas hebras destila
risueña, dulce y tranquila
la suave luz del topacio,

de repente palidece,
y de occidente en los mares
casi apagada se mece,
como aquel que se adormece
por olvidar sus pesares.

Entonces en llanto deshecho
y más que nunca sombrío,
siente agitado mi pecho
que va al corazón derecho
su rayo pálido y frío.

Pues me revela callada
algo que yo no adivino
de una memoria sagrada,
de una ilusión adorada
o de un recuerdo divino.

¡Reina de la tarde quieta,
ceñida de rayos de oro!
brinda paz a mi alma inquieta,
y estas lágrimas sujeta
que supersticiosa lloro.

¿Quién eres, estrella hermosa,
que dulcemente me miras,
sonriéndome cariñosa
y entre vaga y misteriosa
tristeza y placer me inspiras?

¿Qué unión de dolor y encanto

tiene tu casta hermosura,
que al verla padezco tanto,
y siento correr el llanto,
llena el alma de dulzura?

¿Por qué de súbito siento,
hecho el corazón pedazos,
profundo, vivo tormento,
y me arrastra el sentimiento
luego a tenderte los brazos?

¿Por qué tu círculo vano
contemplo tan fijamente.
como buscando un arcano,
con la mejilla en la mano
y un pensamiento en la frente?

Un pensamiento que adoro
eterno, constante, cierto,
un sueño con alas de oro,
un bien que perdido lloro,
un recuerdo nunca muerto,

Ensueño, bien y memoria
que adoro como a mi madre,
flor arrancada a mi historia
cuya esencia está en la gloria...
¡y es el alma de mi padre!

¡Urna de mi llanto! sella
tu melancólico broche:
¡es él la pálida estrella

que brilla trémula y bella
en las puertas de la noche!

A mi amigo A. L.

Al querer retratarme en un pedestal
coronada de laurel.

Mi noble amigo:
el delicado y generoso obsequio
conmovida agradezco; mas no quieras
verme subir al pedestal que me alzas,
con la vista inclinada y con la frente
por ti ceñida de laurel glorioso,
teñida de rubor... no, amigo mío;
pinta un árbol más bien, hojoso y fresco
en vez de pedestal, y a mí a su sombra
sentada con un libro entre las manos,
y la frente inclinada suavemente
sobre sus ricas páginas, leyendo
con profunda atención; no me circundes
de palomas, de laureles ni de rosas,
sino de fresca y silenciosa grama;
y en lugar de la espléndida corona
pon simplemente en mis cabellos lisos
una flor nada más, que más convienen
a mi cabeza candorosa y pobre
las flores que los lauros...
No me pintes más blanca ni más bella;
píntame como soy, trigueña, joven,
modesta y sin beldad; vísteme solo
de muselina blanca, que es el traje
que a la tranquila sencillez de mi alma
y a la escasez de la fortuna mía
armoniza más bien...

Píntame en torno
un horizonte azul, un lago terso
y un Sol poniente, cuyos rayos tibios
acaricien mi frente sosegada.
Píntame así, que el tiempo poderoso
pasará velozmente, como un día,
y después que esté muerta y olvidada,
a la sombra del árbol silencioso
con la frente inclinada
me hallarás estudiando todavía.

Soneto

Dicen que cuando cubre la pureza
una frente de virgen con su velo
suaves miradas le dirige al cielo,
y le dan las estrellas su belleza.

Pero si el vicio mancha su limpieza
vertiendo en ella su funesto hielo,
levanta el ángel de su guarda el vuelo
y Dios torna a otro lado la cabeza.

Yo en el mundo soy joven y soy pura;
Divino Salvador, Dios poderoso,
contémplenme tus ojos con ternura.

Y que el ángel me guarde cuidadoso,
pues cayera a tus pies agonizante
si Tú al verme volvieras el semblante.

Adiós a Cuba

Cuando sobre el espacio cristalino
desplegó, como un pájaro marino,
sus alas mi bajel:
cuando vi en lontananza ya perdidas
las montañas, las cumbres tan queridas
que me vieron nacer:

Cuando abatida vi, del mar salobre
las sierras melancólicas del Cobre
sus frentes ocultar,
con aflicción profunda y penetrante
me cubrí con las manos el semblante
y prorrumpí a llorar.

¡Ay! porque ¿cómo olvidará mi anhelo
que fueron esa tierra y ese cielo
los que primero vi?
¿Cómo olvidar que en sus colinas suaves
fue la triste cadencia de sus aves
lo que primero oí?

¿Cómo olvidar su Luna y sus estrellas,
su Sol de fuego ni sus nubes bellas
de nácar y coral?
¿Y sus aras purísimas, que fueron
las que en mi frente trémula pusieron
la corona nupcial?

¡Oh Cuba! si en mi pecho se apagara

tan sagrada ternura y olvidara
esta historia de amor,
hasta el don de sentir me negaría,
pues quien no ama la patria ¡oh Cuba mía!
no tiene corazón.

¿Pero cómo es que tu adorado suelo
y tu risueño y luminoso cielo
he podido dejar?
¿Y cómo Cuba, en tu horizonte umbrío
esconderse tu blanco caserío
he podido mirar?

¡Nunca lo olvidaré! La mar gemía
y a través de mis lágrimas veía
sus aguas ondular.
Era la hora en que la flor se cierra
y en que el inmenso templo de la tierra
humilde empieza a orar.

La hora en que la estrella vespertina
asoma por detrás de la colina
con triste lentitud.
De mi pesar y mi dolor testigos
me cercaron entonces mis amigos
en tierna multitud.

La tierra, el Sol, el cielo parecían
que en dolientes miradas me decían
su callado dolor.
Por fin surcó el bajel el océano
y cerrando los ojos, con la mano

les di mi último adiós.

Pero cuando el semblante pesaroso
sollozando volví, querido esposo,
a mi lado te hallé,
Te hallé a mi lado conmovido y tierno
que me jurabas con tu amor eterno
santa y solemne fe.

Yo amo tus campos verdes y sombríos
porque los amas tú, pero los míos
¡ay! no puedo olvidar.
Yo amo tu pueblo, sí, pero quisiera
llevarte de la mano placentera,
cada rato a mi hogar.

Y enseñarte mis flores y mi río
y la yerba brillante de rocío
que tanto pisé allí.
Yo quisiera decirte «en esta loma
el tímido volar de una paloma
muchas veces seguí».

Yo quisiera decirte «en estos nidos
los pajaritos mansos y dormidos
con las hojas tapé».
Y en este lago silencioso y bello
a ponerme una flor en el cabello
risueña me incliné.

¡Oh Cuba! si en mi pecho se apagara
tan sagrada ternura y olvidara

esta historia de amor,
hasta el don de sentir me negaría
pues quien no ama la patria ¡oh Cuba mía!
no tiene corazón.

La melancolía

Yo soy la virgen que en el bosque vaga
al reflejo doliente, de la Luna,
callada y melancólica, como una
poética visión.
Yo soy la virgen que en el rostro lleva
la sombra de un pesar indefinible;
yo soy la virgen pálida y sensible
que siempre amó el dolor.

Yo soy la que en un tronco solitario,
reclino, triste, la cansada frente,
y dejo sosegada y libremente
mis lágrimas rodar.
Soy la que de un lucero, al brillo puro,
con las manos cruzadas sobre el seno,
me paro a contemplar del mar sereno
la triste majestad.

Yo soy el ángel que contempla inmóvil
en el cristal del lago, su quebranto,
y en el agua, las gotas de su llanto
móvil onda formar.
Yo soy la aparición blanca y etérea
que a la montaña silenciosa sube,
y allí, bajo las alas de una nube,
se sienta a sollozar.

Yo soy la celestial «Melancolía»,
que llevo siempre en mis facciones bellas

de las tibias y cándidas estrellas
la dulce palidez.
Y que anhelo sentada en los sepulcros,
sentir, al suave rayo de la Luna,
las perlas de la noche, una por una,
en mi frente caer.

Y doblando mi rostro de azucena,
en un desmayo blando y halagüeño,
cerrar los ojos al eterno sueño,
tranquila y sin pesar.
Y apoyada en un árbol la cabeza,
a su sombra sentada, blanca y fría,
que me encuentren sonriendo todavía,
mas ya sin respirar.

A mi esposo

Dulce rayo de Sol, que sorprendida
a mi alcoba de virgen tan querida
vi llegar una vez.
Y entrando con amor por mi ventana
me hablaste dulcemente de La Habana
y me hablaste de él.

Tú que alumbraste la mañana suave
en que, más tarde, con ternura grave
me condujo al altar
Tú que con majestad noble y sencilla
lo viste, conmovido, la rodilla
a mi lado doblar.

Dile como la joven temblorosa
que el ara santa consagró su esposa,
le ama, le adora hoy.
Dile con letras de tu lumbre bella,
que soy el alma soñadora aquella
que de lejos amó.

Dile también, cómo llorar me viste,
cuando partió del Norte helado y triste
a la hermosa región.
Y mi acerbo dolor y mi tristeza
cuando atrajo a su seno mi cabeza
para decirme adiós.

Dile que si las nubes por las lomas

enseñaban como alas de paloma
sus contornos de tul:
yo soñaba, de acá, que estaba viendo
su anhelado bajel que iba saliendo
del horizonte azul.

Y dile ¡oh rayo pálido y brillante!
a su alma melancólica y amante
y llena de inquietud,
que le amo tierna, con serena calma
y que este dulce amor late en mi alma
como un vaso de luz.

Y cuando deje de latir mi pecho
aún bajo las cortinas de mi lecho
gemirá mi laúd,
diciendo enternecido todavía
—para ti es esta triste melodía
de amor y de virtud.

La vuelta al bosque

Después de la muerte de mi esposo

«Vuelves por fin, ¡oh dulce desterrada!,
con tu lira y tus sueños,
y la fuente plateada
con bullicioso júbilo te nombra,
y te besan los céfiros risueños
bajo mi undoso pabellón de sombra.»
Así, al verme, dulcísimo gemía
el bosque de mis dichas confidente;
¡oh bosque! ¡oh bosque!, sollocé sombría,
mira esta mustia frente,
y el triste acento dolorido sella,
siglos de llanto ardiente
y oscuridad de muerte traigo en ella.
Mira esta mano pura
¡ay! que ayer ostentó, resplandeciendo,
el cáliz del amor y la ventura,
hoy viene sobre el seno comprimiendo
una herida mortal... ¡Bosque querido!
¡tétricas hojas! ¡lago solitario!
¡estrella que en el cielo oscurecido
rutilas como un cirio funerario!
¡lúgubres brisas y desierta alfombra!
alzad eterno y funeral gemido,
que el mirto de mi amor estremecido
cerró su flor y se cubrió de sombra!
Sobre la frente pálida y querida
que el genio coronaba esplendoroso,
y la virtud con su inefable calma,

39

sobre la frente ¡oh Dios! del dulce esposo,
ídolo de mi alma,
y altar de humanidad y de dulzura,
alzó la muerte oscura
la pavorosa noche de sus alas;
y cual la tierna alondra que en su vuelo,
atraviesan las balas
y expirante y herida
baja, bañada en sangre desde el cielo,
y queda yerta y rígida en el suelo
con el ala extendida,
así mi corazón de espanto frío
quedó al golpe ¡Dios mío!
que mi vida cubrió de eterno duelo.
Cuando volvió a la luz el alma inerte,
la tierra, la montaña, el mar, el cielo,
no eran más que el sudario de la muerte.
¡oh bosque! ¡oh caro bosque! todavía
de este dolor la tempestad sombría
ruge en mi corazón estremecido,
y gira el pensamiento desolado
como un astro eclipsado
entre tinieblas lóbregas perdido.
Y aquí estoy otra vez... ¡oh qué tristeza
me rompe el corazón...! Sola y errante
vago en tu melancólica maleza,
por todas partes con dolor tendiendo
el mirar vacilante;
ya me detengo trémula, sintiendo
el próximo rumor de un paso amante;
ora hago palpitante
además de silencio a bosque y prado,

para escuchar temblando y sin aliento,
un eco conocido que ha pasado
en las alas del viento;
ora ¡oh Dios! de la Luna entristecida
a los rayos tranquilos,
miro cruzar su idolatrada sombra
por detrás de los tilos:
y la llamo y la busco estremecida
entre el ramaje umbrío,
en el terso cristal de la laguna,
bajo las ramas del abeto escaso,
mas en parte ninguna
hallo señal ni huella de su paso.
¡Triste y gimiente río
que los pies de estos árboles plateas!
¿por qué no retuviste
y en tus urnas de hielo no esculpiste
su fugitiva imagen? ¡Aura triste
que entre las hojas tu querella exhalas!
¿por qué no aprisionaste en tus alas
el eco tanto tiempo no escuchado
de su adorada voz? ¡Oh bosque amado!
¡oh gemebundo bosque! ya no pidas
sonrisas a estos labios sin colores
que con dolor agito:
pues no pueden nacer hojas y flores
sobre un tallo marchito.
Que ya en el mundo, mis inciertos ojos
solo ven un sepulcro que engalana
flor macilenta con cerrado broche,
y allí me encuentran pálida y de hinojos
las lágrimas de luz de la mañana

y los insomnes astros de la noche.
Otras veces aquí ¡cuán diferente
vagué en su cariñosa compañía!
El arroyo luciente
como un velo de luz se estremecía
sobre la yerba humedecida y grata,
allá el movible mar desenvolvía
encajes brillantísimos de plata,
y tembladeras, pálidas y bellas
en el éter azul asemejaban
abiertos lirios de oro las estrellas.
Él con mi mano entre su mano pura
bajo flores que alegres sonreían,
me hablaba de sus sueños de ternura;
mientras con movimientos dulce y blando,
las copas de los álamos gemían
nuestras unidas frente sombreando.
¡Oh vida de mi vida! ¡oh caro esposo!
¡amante, tierno, incomparable amigo!
¿dónde, dónde está el mundo
de luz y amor que respiré contigo?
¿dónde están ¡ay! aquellas
noches de encanto y de placer profundo
en que estudié contigo las estrellas,
o escuchamos los trinos
de las tórtolas bellas
que cerraban las alas en los pinos?
¿Y nuestras dulces confidencias puras
en estas rocas áridas sentados?
¿dónde están nuestras íntimas lecturas
sobre la misma página inclinados?
¿nuestra plática tierna

al eco triste de la mar en calma?
¿y dónde la dulcísima y eterna
comunión de tu alma y de mi alma?
¡Lágrima de dolor abrasadora
que corres por mi pálida mejilla!
ya no hay flores ni aromas en el suelo,
ya el ruiseñor no llora,
ya la Luna no brilla,
y en la desierta lividez del cielo
se borraron los astros y la aurora.
Que ya todo pasó, pasó ¡Dios mío!
para jamás volver; ¿a dónde ¡oh cielo!
a dónde iré sin él, por el vacío
de esta noche sin fin? ¡Fúnebre bosque!
hoy todo es muerte para mí en la tierra,
en la llanura con inmenso duelo
se elevan los cipreses desolados
como espectros umbríos,
las brumas en la frente de la sierra
crespones son que pasan enlutados,
van en las nubes féretros sombríos,
el mar gimiendo azota la ribera,
con sollozo de muerte el viento zumba,
y es, ante mí, la creación entera
la gigantesca sombra de una tumba.

La noche en los sepulcros

Al señor Enrique José Varona

Ceñida de azucenas tembladoras
y vestida de perlas y rocío,
se sienta ya la entristecida tarde
de la noche en el pórtico sombrío.

Del arco de cristal del firmamento,
pende sola, una estrella vacilante,
y sobre el pino que en la cumbre vela,
tiembla, como una gota de diamante.

Sobre el borde del líquido horizonte,
la tersa Luna, en el confín lejano,
asemeja una garza luminosa
parada en la ribera del océano.

Y luego sube soñadora y triste,
por el éter que oscuro se dilata
y a través del encaje de las nubes,
llueve reflejos de celeste plata.

Sus divinos sollozos, en la sombra,
el ave triste de la noche vierte,
y pasan los celajes figurando
góndolas silenciosas de la muerte.

En tanto yo, al santuario de las tumbas
inclinada la frente pesarosa,
dirijo el paso, y en el musgo oscuro

mi sombra se proyecta silenciosa.

Ya, sobre el arco del umbral sombrío
apoyo la cabeza adolorida,
y en las orillas de este mar, contemplo
el lúgubre naufragio de la vida.

¡Oh noche! en estas líneas de sepulcros,
¡qué tristes son tus enlutadas huellas!
¡qué melancólicas, tu mar de sombra
surcan, veladas de oro, las estrellas!

¡Y qué solemne se recoge ¡oh tumbas!
el pensamiento tétrico en sí mismo,
que aquí la vida silenciosa cae
sin despertar un eco en el abismo!

¡Arcángel misterioso de la muerte,
que suspendido en los espacios, vagas!
¿con qué poder el sentimiento hielas?
¿con qué poder el pensamiento apagas?

¡Sol del mundo ideal! ¡Talento augusto
a quien la ciencia su horizonte entreabre!,
¿qué son las luces de tu mente excelsa
ante esta puerta que jamás se abre?

¿En la helada diadema de la muerte
va la inmortalidad, con mudo vuelo?
¿está la claridad, en el abismo?
¿se ve, en su fondo misterioso, el cielo?

Aquí los pensamientos se engrandecen,
como la sombra que se extiende incierta;
¿la mano que nos duerme pavorosa,
es la mano de luz que nos despierta?

¿Eres, vago y lejano paraíso,
la visión temblorosa del ensueño?
¿o está sentada la Verdad divina
en el fondo sublime de tu sueño?

¡Nubes de seda que llorando aljófar
como sudarios vais por las alturas!
¡Luna, que en urna de cristal paseas
del firmamento azul por las llanuras!

¡Ave, que sobre el fúnebre obelisco,
insomne lloras con doliente calma!
¡oídme! ¡en este valle de la muerte,
un inmenso recuerdo tiene mi alma!

¡Ay! que sobre esta losa, mis pupilas,
como lloran las nubes, han llorado,
y en pie, bajo este sauce gemebundo,
como velan los astros, he velado.

¡Oh Luna! haz que se eleve ante mis ojos,
solo una vez, la losa que lo encierra,
y haz, que temblando de dolor, lo mire
dormido en su sarcófago de tierra.

Y, al oscilar de las estrellas tristes,
por su llanto de plata humedecida,

sobre el manto de adelfas de su tumba,
que me encuentren inmóvil y sin vida.

Dolor supremo

Después de la muerte de mis tres hijas

Erais con vuestras cándidas diademas
de gracia, de dulzura y poesía
los ensueños azules de mi alma,
la esencia de mi ser y de mi vida.

Los óvalos de luz de vuestras frentes,
vuestra triste y dulcísima sonrisa,
vuestros ojos divinos derramando
suavidades de estrella vespertina:

La bondad celestial de vuestras almas
blancas, resplandecientes, cristalinas,
como el espejo terso de las ondas
en que el disco de Sirio tiembla y brilla,

eran ¡oh cielos! mi sagrado encanto,
eran mi arrobamiento, mi delicia,
eran mi musa pálida y alada,
eran las cuerdas de oro de mi lira.

Y hoy dormís en el fondo de tres tumbas
con sudarios de lágrimas vestidas,
¡lirios del Paraíso deshojados!
¡nave de blancos ángeles perdida!

Ya no os veré jamás ¡flores de mi alma!
¡rosas aquí en mi corazón nacidas!
¡ya no os veré jamás! ¡cómo me anego

en torrentes de lágrimas de acíbar!

¡Cómo sollozo con la frente mustia
en el fúnebre césped sumergida!
¡esculturas de nácar adoradas,
bajo negro dosel, albas y frías!

¡Qué silencio en los ojos! ¡qué tristeza
en las mudas facciones peregrinas!
¡qué lágrimas heladas en sus rostros!
¡qué intensa palidez en sus mejillas!

¡Imágenes en lo íntimo de mi alma
con cinceles eternos esculpidas!
¡yo os amo, yo os venero, yo os adoro,
con los brazos en cruz y de rodillas!

¡Oh mis santas dormidas! ya mi boca
no tocará gimiendo convulsiva,
vuestras brillantes cabelleras de ónix
sobre la yerta palidez tendidas.

No besaré vuestras queridas manos
sin movimiento, pálidas y níveas,
ni se alzarán vuestras pestañas suaves
sobre el armiño de la tez caídas.

Y no veréis mi temblorosa imagen
que aterradora tempestad agita,
en vuestras urnas de cristal inmóviles
de adormilares tétricas ceñidas.

¡Qué siglos de dolor llevo en el alma
en qué océanos de pesar se abisma!
¡y en qué playas de luto y de silencio
me encuentro, con las manos extendidas!

En la cuna de plumas de mi seno
os durmió mi canción queda y sentida,
en la cuna de piedras de la muerte
os duermen mis sollozos ¡hijas mías!

¿Quién de este seno que os meció en la infancia
verá la inmensidad de las heridas?
¿quién medirá de mi dolor supremo
el mar sin horizonte y sin orillas?

¡Ojos hermosos, húmedos y tristes
cuyas miradas, sobre mí, se inclinan!
¡frentes con palideces de luceros,
sobre mares de lágrimas mecidas!

Aquí estoy vuestras lápidas velando
cuando la virgen de ópalo declina,
como vela el silencio de las tumbas
una lámpara inmóvil y encendida.

Mirad mi sombra desolada y muda
que en una eterna soledad camina,
y cubrió con las dalias de la muerte
esta inmensa corona de desdichas.

En la noche sin Luna y sin aurora
del calvario que subo dolorida,

yo os miro suaves descender del cielo
con las pálidas frentes pensativas.

¡Oh mi grupo de arcángeles amado,
que sigo sollozando estremecida!
mi alma llorando, de rodillas, besa
vuestras plateadas túnicas que oscilan.

¡Plegada el raso de las tersas alas!
que en el musgo apoyada mi mejilla,
donde se posen vuestros pies sagrados
besando iré la tierra bendecida.

¡Palomas de sumarísimo alabastro
en la insondable eternidad dormidas!
yo le enseño a los sauces vuestros nombres
con un sollozo que, llorando, vibra.

Y en el altar de vuestros tres sepulcros,
con la frente en las manos, abatida
como la estatua del dolor eterno
llena de clavos, pálida y sombría,

con un clamor desgarrador os llamo,
de esta gran sombra ante el supremo enigma,
mi corazón despedazado os busca
en la profunda inmensidad vacía:

¡oh en el silencio de la noche inmensa
estrellas apagadas y divinas!
¡almas desengrasadas de mi alma!
¡perlas de mis entrañas desprendidas!

Martirio

Después de la muerte de mi hijo Jesús

¡Cómo te miro, al rayo de la Luna,
pálido, melancólico, marchito,
sentado bajo el sauce que sombrea
tu sepulcro tristísimo!

¡Cómo te miro, con el rostro suave
de mansedumbre celestial ceñido,
con la tétrica frente entre las manos,
llorando en el abismo!

¡Qué sombra llevas en tus sienes de ámbar!
¡qué luto en tu mirar entristecido!
¡con qué dolor, de lejos, me contemplas
resignado y sumiso!

Aquí estoy, aquí estoy, sobre tu losa,
¡oh dormido de mi alma! ¡oh bien querido!
aquí estoy con el cáliz en la mano,
rebosado de absintio.

Mira cómo descienden, una a una,
calladas, melancólicas, sin ruido,
a mis humildes sienes inclinadas
las palmas del martirio.

Mira sobre mi lívido semblante
¡ay! las heridas que dejó el suplicio,
y en mi frente caída sobre el pecho.

las espinas de Cristo.

Antes absorta contemplé la Luna
abrir sus alas de celeste brillo,
como una perla inmensa que plateaba
el oscuro zafiro.

Y bajo arcos inmóviles de sombra
la gruta azul y trémula del río,
y de estrellas, tendidos en el éter.
brillantísimos cintos.

Hoy contemplo en el cielo y en las ondas,
¡ay! con el corazón de muerte herido,
con sudarios de nácar en sus tumbas
mis ángeles dormidos.

Hoy contemplo en las nieblas de la noche,
errátil, intangible, fugitivo,
pasar como el reflejo de una estrella,
tu perfil dolorido.

Y caigo sobre el musgo sollozando,
¡hijo de mis entrañas! ¡hijo mío!
y ante tu sombra que se aleja suave,
trémula me arrodillo.

¿A tus dulces y pálidas hermanas
en los soles inmensos te has unido,
como se unen, temblando, cuatro gotas
de celeste rocío?

¿O como astros errantes vagáis solos
en la infinita inmensidad perdidos?
¿o dormís del sepulcro, en el misterio
negro y desconocido?

La puerta azul los ángeles abrieron
de inefable ternura estremecidos?
¿y en el espejo de la luz eterna
ves el Rostro divino?

¡Secreto formidable de la tumba!
¿hay en tu fondo el eco de un gemido
o a través de tu losa, surge suave
el acorde de un himno?

Vencida, vacilante y encorvada
bajo la noche inmensa del Destino,
con las manos cruzadas sobre el pecho
y los ojos caídos,

del ciprés, como un ángel enlutado
que abre sus negras alas en tu asilo,
entro en la sombra, junto a ti, buscando
mi sepulcro sombrío.

¡Oh lágrimas de plata de la tarde!
¡oh estrellas de oro! en temblorosos hilos
llorad por los espíritus alados
que en silencio se han ido.

Y vos, con vuestras manos adorables,
bendecidlos ¡oh Inmenso! bendecidlos;

porque vos sois la eternidad inmóvil
y el perdón infinito.

¡Mar de tinieblas!

Después de la muerte del único hijo que me que-
daba

¿Amanece? ¿tengo alma? ¿el Sol alumbra
    este mar de tinieblas?
¿Las altas palmas, del suplicio antiguo
    son las cruces inmensas?

¿El lucero del alba todavía
    trémula centellea?
¿Son losas de sepulcros en el cielo,
    las pálidas estrellas?

¿La Luna, en los desiertos del vacío
    yerta se balancea?
¿Son túmulos las nubes, y las olas
    un sudario de perlas?

Triste como la sombra de la muerte
    vengo a besar las piedras
que ocultan tus facciones adoradas
    ¡oh cubierto de tierra!

¡Hijo de mis entrañas! ¿en qué idioma
    te diré mi tristeza?
Mira el cáliz de acíbar, y la sangre
    que mi frente gotea.

Escucha de este seno en que apoyabas
    tu faz de niño tierna

las olas de sollozos desoladas
    que en su fondo se quejan.

Las lágrimas del huerto ¡oh flor de mi alma!
    por mis mejillas ruedan,
y eterna llevo la mortal herida
    en el costado abierta.

A todas partes que llorando torno
    mi faz marchita y lenta,
miro tu rostro varonil y bello
    dibujado en la esfera.

El águila del genio, su mirada
    de brillante fijeza
puso en tus ojos, y en tu noble frente
    el dolor un poema.

Te vi bajar las gradas del sepulcro,
    ¡joven y altivo atleta!
impasible y olímpico y hermoso
    como una estatua griega.

Vi de la eternidad, en tus mejillas,
    la blancura cinérea,
y vi entre las antorchas funerarias
    tu gallarda cabeza.

Y yo sentí de la última agonía
    el temblor en mis venas,
y sentí mi razón cerrar sus alas,
    como un mar que se hiela.

¡Cabellos ondulados y brillantes
    que mis lágrimas besan!
¡Y tú tan oprimida por mis labios,
    frente pálida y tersa!

Mi alma toda os bendice, de rodillas,
    de lágrimas cubierta
y os sigue en los espacios infinitos
    como enlutada vela.

¡Mano en que van los mundos! ¿qué es el
hombre
    en esta triste estepa?
¿a dónde va, cubierta la mirada,
    con una venda negra?

Alumbra, con un astro, de la tumba
    la enorme noche tétrica,
déjame ver si el ángel de la muerte
    en la losa se sienta.

¡Oh Dios! que en este espejo formidable
    tu gran sombra reflejas,
y el alma, como un ave luminosa,
    transfigurada vuela.

¡Oh de la Luna inmaculada y blanca
    encaje de azucenas!
¡onda celeste de oro desprendida
    del brillo de una estrella:

haced, haced ¡oh soles de la noche!
que yo en su tumba pueda
besar, temblando, sus dormidos ojos,
y a sus pies quedar muerta.

A Ossian

¡Umbrosas soledades! ¡desiertos misteriosos!
en que las hojas tristes gimiendo siempre están,
¡colinas desoladas! ¡cipreses temblorosos!
donde llora la musa dulcísima de Ossián.

Haced que en los celajes de aljófar del ocaso,
su sombra melancólica contemple aparecer,
y pálida, doliente, con inseguro paso,
al bosque de los túmulos la mire descender.

Que allí la encuentra siempre la Luna peregrina
cuando los altos tilos empiezan a platear
y hablando con las sombras de Oscar y de Mal-
vina,
el alba cuando sale diamantes a llorar.

¡Oh bardo de las tumbas! tus lúgubres pesares
mi espíritu arrebatan con mágica atracción;
pues son tus nebulosos y olímpicos cantares
portentos de tristeza, de encanto y de pasión.

El ángel de la muerte segó la dulce vida
de Oscar, el hijo invicto, tu gloria y tu ilusión,
y el inmortal lamento de tu alma adolorida
aún suena en Caledonia con honda vibración.

Malvina, el cisne herido, con los cabellos de
oro
flotando sobre el rostro helado y sin color,

es ¡ay! de aquel sepulcro que inunda con su lloro,
la estatua, la escultura, el ángel y la flor.

Visión divina y pálida, celeste y dulce astro,
que lleva traspasado su virgen corazón,
paloma solitaria de nítido alabastro
sobre la esbelta cúpula de negro panteón.

Y al fin, sobre tu seno, el lirio del semblante
para jamás alzarlo doliente reclinó,
en tanto que un gemido inmenso y vacilante
de Escocia, en las salvajes montañas, sollozó.

Las aves, en su losa, sobre las ramas bellas
detienen lastimadas el vuelo desigual,
y en hilos silenciosos las pálidas estrellas
desatan de su llanto el triste manantial.

Las lágrimas enlutan con perdurable velo
de tu mirar profético el húmedo turquí,
se nublan a tus ojos los ópalos del cielo
y sus luceros de oro se apagan para ti.

Los bardos no repiten tus quejas inefables,
callados te contemplan con trémula inquietud,
mas ya las cuerdas buscan tus manos venerables
y en inmortales lágrimas se exhala tu laúd.

¡Estrella inmensa y triste del cielo de la Historia!

mi alma te erige un templo de apasionado
amor,
que llevas en tu manto el llanto de la gloria,
y llevas el bautismo sagrado del dolor.

¡Oh Dios grandioso y solo, que estás en el san-
tuario
con el sublime plectro en la mano inmortal!
el cielo, es a tus ojos un manto funerario;
mas llevas en tus sienes el mundo sideral.

Tu genio excelso imita, sobre la tumba oscura,
un Sol gigante de oro que el mundo ve brillar;
los siglos se desploman, y eterna tu figura
se eleva inmarcesible sobre el divino altar.

¡Oh gran entristecido! ¡Oh celestial poema
de azules paraísos, de ensueños y de luz!
Yo beso, sollozando, tu tétrica diadema
y las inmensas lágrimas que tiemblan en tu
cruz.

Soñando con mis hijas

Solo dejaron sus queridos pasos
hojas de nardo y azucenas nítidas,
y estelas brillantísimas de Luna
sobre el triste turquí de estas colinas.

Y en sus frentes los nimbos temblorosos
como estrellas de plata, dulce y líquida
sobre el gran terciopelo de la noche
con sublime silencio se deslizan.

¡Oh manos de marfil tersas y suaves
por mis ardientes lágrimas ungidas!
¡oh rostros con los rizos inclinados,
que me veis en la tierra de rodillas!

Reclinadme en el mármol de la muerte
y pálidas, dolientes y divinas,
sollozando en el borde de mi tumba
¡mirad la inmensidad de mis heridas!

La poesía esclava

A Aurelia Castillo

Con túnica de nácar, pasa pura
una dulce, una espléndida figura
más blanca que el jazmín.

Es un ángel con alas estrelladas,
un ángel celestial que lleva atadas
las manos de marfil.

Tú eres esa beldad tierna y sombría
¡adorable y celeste Poesía!
¡prisionera inmortal!

¿Cuál es tu culpa, ¡oh cándida acusada?
—¡Sobre mi frente pálida y sagrada
llevar la Libertad!

Las tres tumbas

No hay para mí, tornasoladas nubes
ni flor que el albo seno desabroche,
soy velando tres lápidas sombrías
la alondra que solloza por la noche.

No tiene abril colinas de azucenas
ni llanuras de rosas tiene mayo,
encorvada en el borde de tres tumbas
yo soy la encina herida por el rayo.

Ya no hay estrellas de oro, ni la Luna
mallas de perlas sobre el agua vierte,
¡ay! entre tres sepulcros, de rodillas,
soy la cruz enlutada de la muerte.

Besé el laúd y lo arrojé en las ondas,
que templo para mí, y altar y palma
son las tres tumbas donde estáis dormidas
¡flores de mis entrañas y de mi alma!

La tumba de Martí

A Dulce María Borrero de Lujan

Hay un sepulcro con un nimbo de oro
y allí enjugando su divino lloro
un arcángel en pie,
baña la santa losa ardiente y bella
de una radiante y solitaria estrella
la móvil brillantez.

¿De quién guarda esta tumba la memoria?
Aquí, bajo el sudario de la gloria
duerme un Rey inmortal,
rey de los pensamientos insondables
que tornó en certidumbres inefables
su grandioso ideal.

El genio errante, pálido y sin calma,
que sintió en las tinieblas de su alma
estremecerse un Sol,
y sintió por sus sueños abrasada
nacer alas gigantes y estrelladas
en sus hombros de Dios.

¡Héroe sublime que la muerte hiela!
¡duerme! que un pueblo de rodillas vela
esta tumba, este altar,
pues de un iris espléndido ceñida,
de la rosa de fuego de tu herida,
surgió la Libertad.

Libros a la carta

A la carta es un servicio especializado para
empresas,
librerías,
bibliotecas,
editoriales
y centros de enseñanza;
y permite confeccionar libros que, por su formato y con-
cepción, sirven a los propósitos más específicos de estas ins-
tituciones.

Las empresas nos encargan ediciones personalizadas para
marketing editorial o para regalos institucionales. Y los in-
teresados solicitan, a título personal, ediciones antiguas, o
no disponibles en el mercado; y las acompañan con notas y
comentarios críticos.

Las ediciones tienen como apoyo un libro de estilo con
todo tipo de referencias sobre los criterios de tratamiento
tipográfico aplicados a nuestros libros que puede ser consul-
tado en Linkgua-ediciones.com.

Linkgua edita por encargo diferentes versiones de una
misma obra con distintos tratamientos ortotipográficos (ac-
tualizaciones de carácter divulgativo de un clásico, o versio-
nes estrictamente fieles a la edición original de referencia).

Este servicio de ediciones a la carta le permitirá, si usted
se dedica a la enseñanza, tener una forma de hacer pública
su interpretación de un texto y, sobre una versión digitaliza-
da «base», usted podrá introducir interpretaciones del texto
fuente. Es un tópico que los profesores denuncien en clase
los desmanes de una edición, o vayan comentando errores
de interpretación de un texto y esta es una solución útil a esa
necesidad del mundo académico.

Asimismo publicamos de manera sistemática, en un mismo catálogo, tesis doctorales y actas de congresos académicos, que son distribuidas a través de nuestra Web.

El servicio de «libros a la carta» funciona de dos formas.

1. Tenemos un fondo de libros digitalizados que usted puede personalizar en tiradas de al menos cinco ejemplares. Estas personalizaciones pueden ser de todo tipo: añadir notas de clase para uso de un grupo de estudiantes, introducir logos corporativos para uso con fines de marketing empresarial, etc. etc.

2. Buscamos libros descatalogados de otras editoriales y los reeditamos en tiradas cortas a petición de un cliente.

www.ingramcontent.com/pod-product-compliance
Lightning Source LLC
Chambersburg PA
CBHW032052040426
42449CB00007B/1081